So wird es gemacht:

Öffne das LÜK®-Kontrollgerät und lege die Plättchen in den Gerätedeckel. Jetzt kannst du auf den Plättchen und auf dem Boden die Zahlen 1 bis 24 sehen.

Beispiel: Seite 2 **Passen Wort und Bild zusammen?**
Nimm das Plättchen 1, sieh dir Aufgabe Nr. 1 an und entscheide!
Hier passen Wort und Bild nicht zusammen.
Nun sieh dir die Zahl unter dem traurigen Gesicht an! Es ist die **21**.
Die 21 ist auch die Feldzahl, auf die du das Plättchen legen musst.
Lege also das Plättchen 1 auf das Feld 21 des Gerätebodens!
Die Zahl **1** muss nach oben zeigen.

1	2	3	4	5	6
7	8	9	10	11	12
13	14	15	16	17	18
19	20	21	22	23	24

So musst du weiterarbeiten, bis alle 24 Plättchen auf der Bodenplatte liegen.
Schließe dann das Gerät und drehe es herum! Öffne es von der Rückseite! Wenn du das bei der Übungsreihe abgebildete Muster siehst, hast du alle Aufgaben richtig gelöst.

Passen einige Plättchen nicht in das Muster, dann hast du dort Fehler gemacht.
Wende diese Plättchen dort, wo sie liegen, um, schließe das Gerät, lege es herum und öffne es wieder!
Nun kannst du sehen, welche Aufgaben du falsch gelöst hast.
Nimm jetzt diese Plättchen heraus und suche die richtigen Ergebnisse!
Kontrolliere dann noch einmal! Stimmt jetzt das Muster?

Und nun viel Spaß!

Hinweis:

Bei einigen Namenwörtern wird das Geschlecht durch diese Symbole angegeben:

- männlich
- weiblich
- sächlich

W0322477

N

Passen Wort und Bild zusammen?

Prüfe genau, ob ja ☺ oder nein ☹!

1 Nacht

☺ 17 ☹ 21

2 Nadel

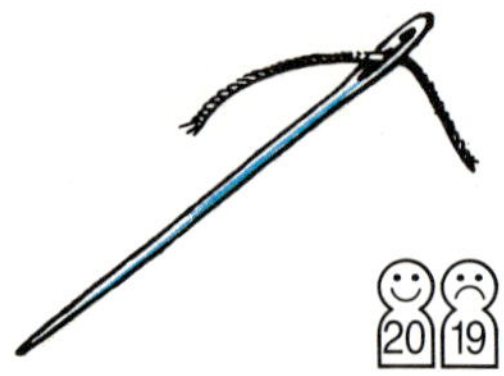

☺ 20 ☹ 19

3 Nagel

☺ 23 ☹ 13

4 Napf

☺ 15 ☹ 22

5 Narbe

☺ 24 ☹ 17

6 Nase

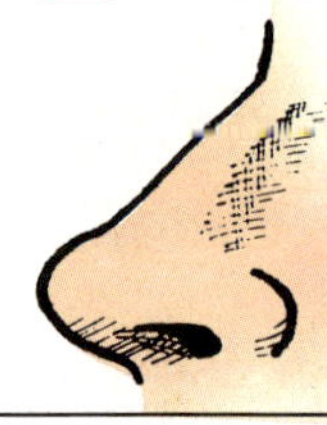

☺ 19 ☹ 18

7 Natur

☺ 16 ☹ 13

8 Nebel

☺ 14 ☹ 15

9 Neger

☺ 24 ☹ 9

10 Nelke

☺ 18 ☹ 7

11 Nest

☺ 16 ☹ 11

12 Netz

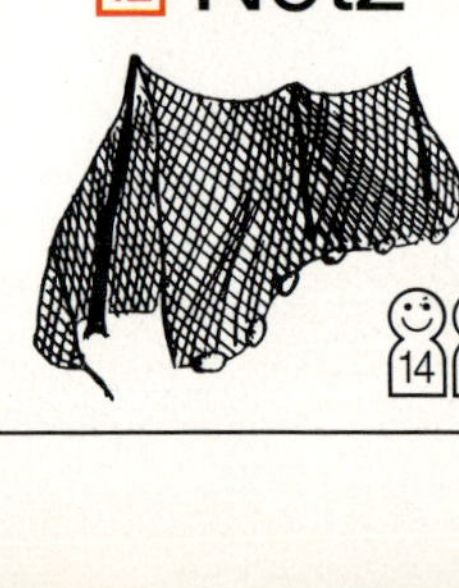

☺ 14 ☹ 10

13 Nichte

☺ 2 ☹ 9

14 Niere

☺ 12 ☹ 7

15 Niete

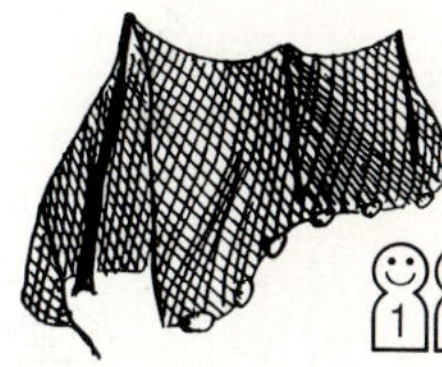

☺ 1 ☹ 11

16 Nikolaus

☺ 10 ☹ 3

17 Nilpferd

☺ 2 ☹ 6

18 Nonne

☺ 12 ☹ 8

19 Norden

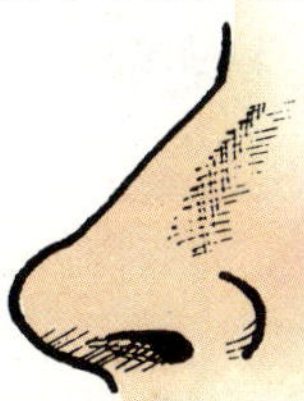

☺ 4 ☹ 1

20 Not

☺ 5 ☹ 3

21 Noten

☺ 6 ☹ 21

22 Nudeln

☺ 8 ☹ 20

23 Nummer

☺ 23 ☹ 4

24 Nuss

☺ 5 ☹ 22

O

Wörterräder

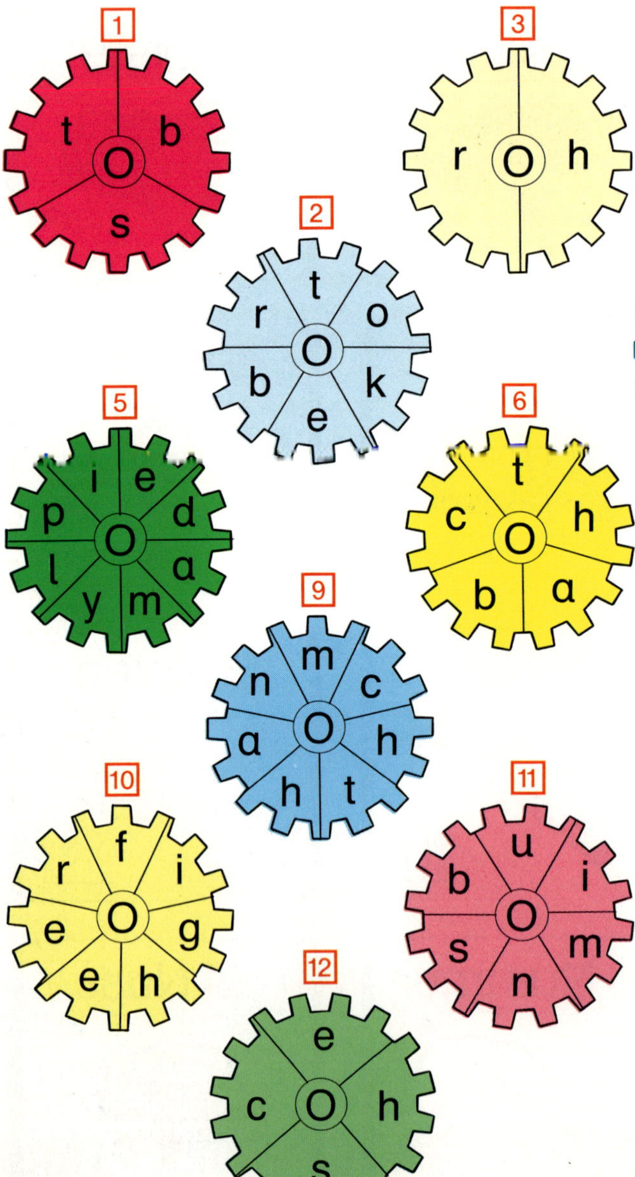

Obacht 6	Ohr 2
Ober 4	Ohrfeige 8
Obst 3	Oktober 5
Ochse 12	Oktave 11
Ofen 15	Olympiade 7
Ohnmacht 1	Omnibus 16

Onkel 23	Orgel 9
Opfer 10	Orkan 24
Orange 20	Ort 19
Ordner 14	Osten 21
Ordnung 18	Ostern 22
Organ 17	Ozean 13

P

Suche das Bild zum Wort!

1 Paddel
2 Paket
3 Palme
4 Papagei
5 Pauke
6 Pedal
7 Peitsche
8 Pelz
9 Perücke
10 Pfanne
11 Pfau
12 Pfeife

12

4

8

7

11

16

15

20

23

3

24

19

13 Pfeil

14 Pfennig

15 Pferd

16 Pflaume

17 Pflug

18 Pfote

19 Pilz

20 Pinsel

21 Pokal

22 Pudel

23 Pullover

24 Puppe

17

6

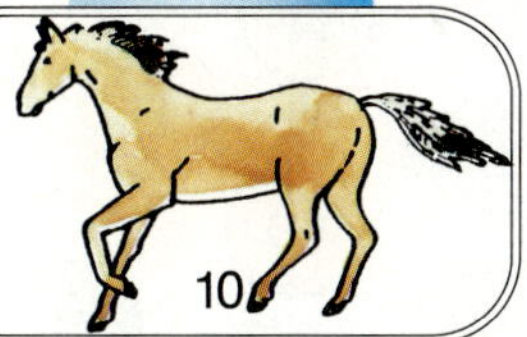
10

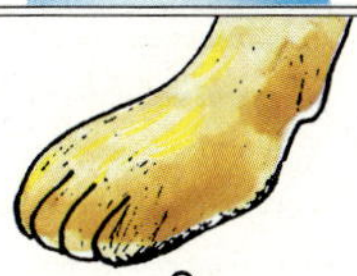
9

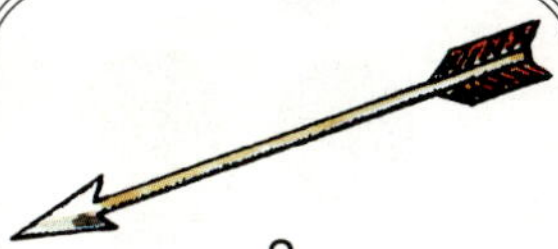
2

1

5

13

18

14

22

21

Q

Welche Farbe hat das Wort ?

Du hast zwei Farben zur Auswahl!

1	Quadrat	16	15
2	quadratisch	17	13
3	quaken	14	24
4	Qual	3	16
5	quälen	13	19
6	Qualm	2	24
7	qualmen	4	5
8	Quark	3	18
9	Quartett	19	21
10	Quartier	23	2
11	quasseln	7	4
12	Quatsch	22	18

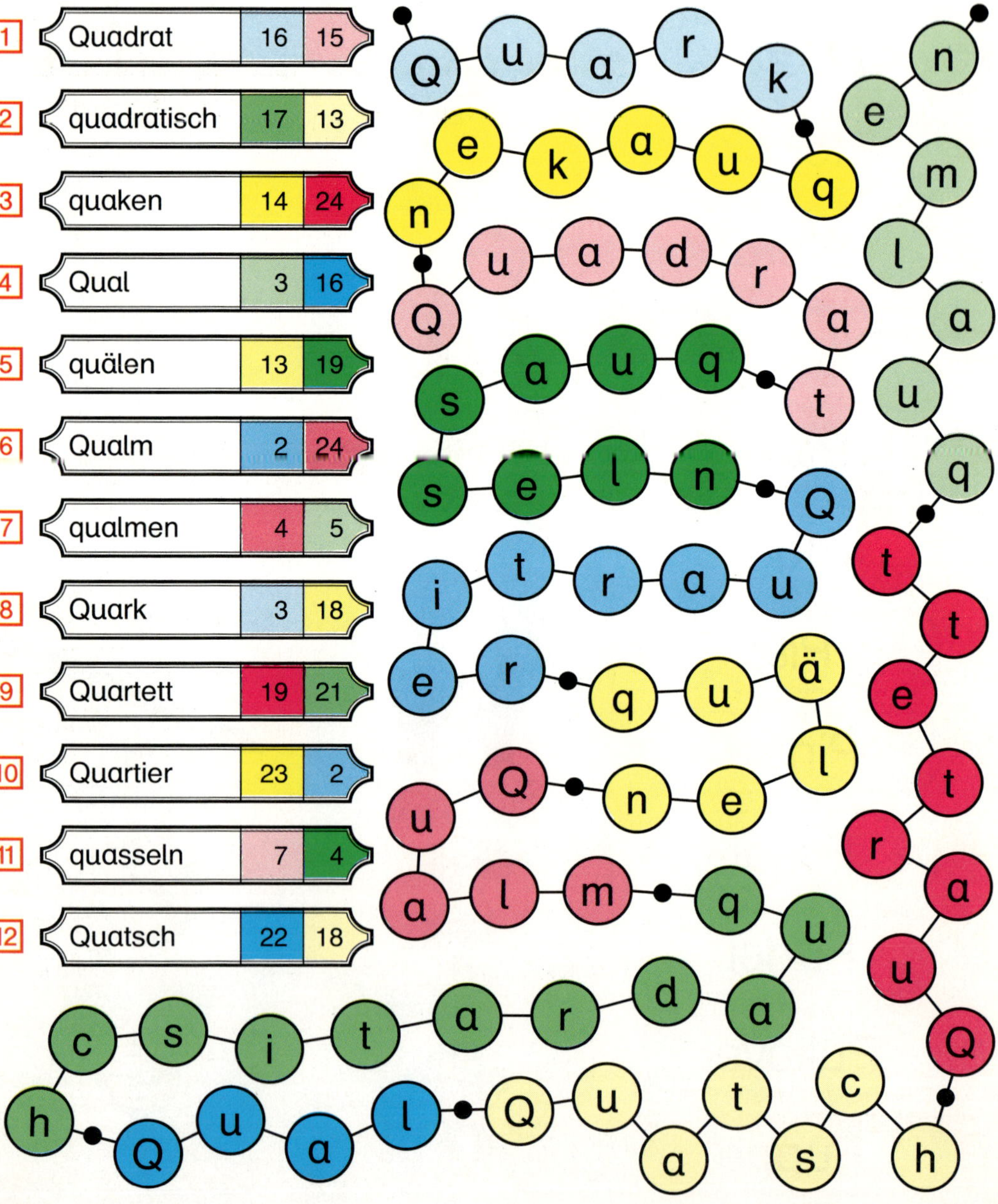

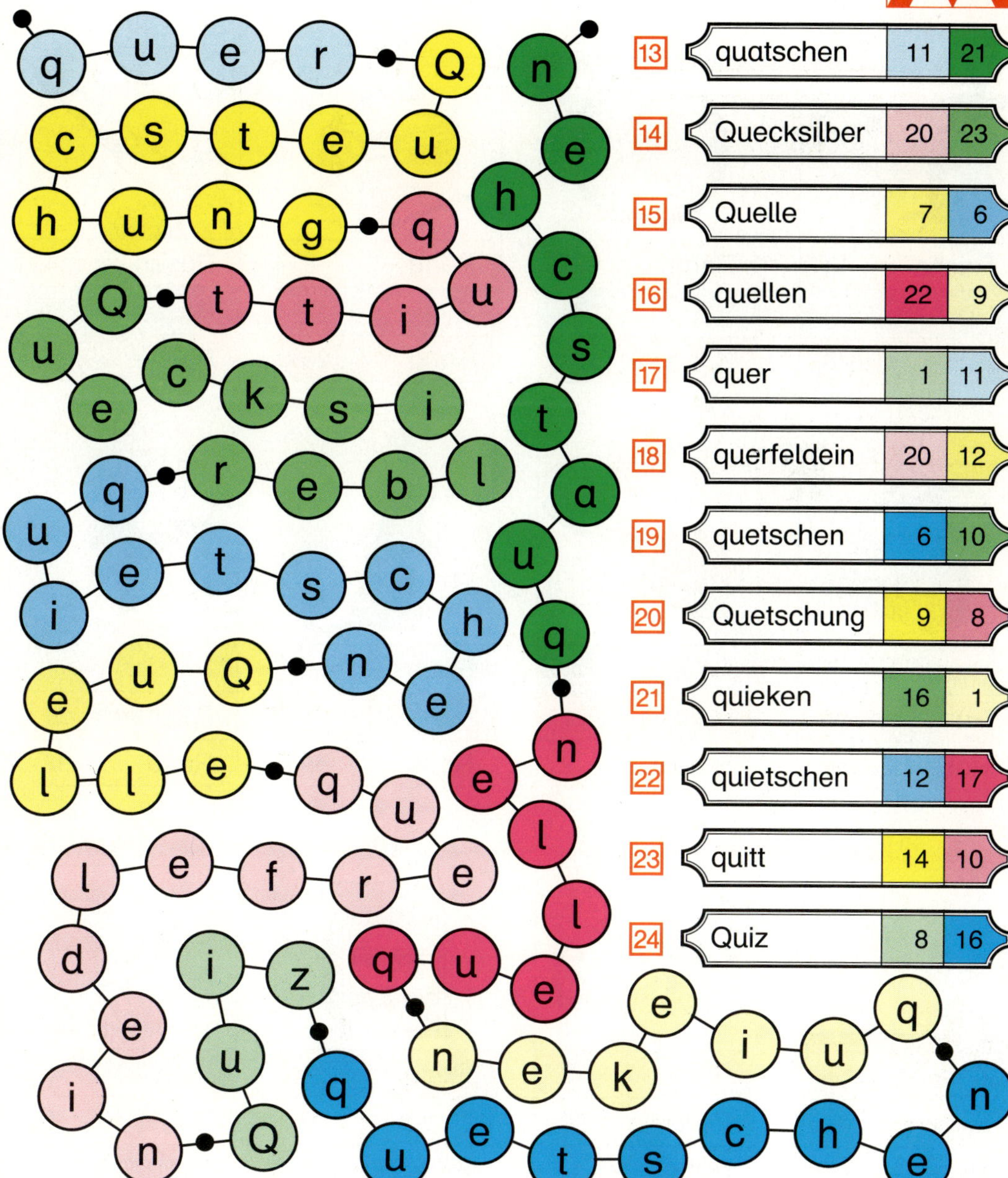

13	quatschen	11	21
14	Quecksilber	20	23
15	Quelle	7	6
16	quellen	22	9
17	quer	1	11
18	querfeldein	20	12
19	quetschen	6	10
20	Quetschung	9	8
21	quieken	16	1
22	quietschen	12	17
23	quitt	14	10
24	Quiz	8	16

R

Ein Bild — drei Wörter !

Ordne richtig zu !

1

Rache	18
Rachen	7
Rabe	3

2

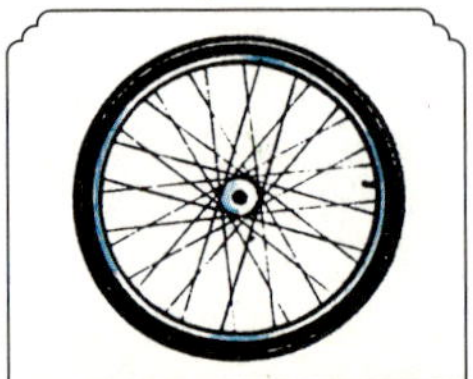

Rahm	16
Rad	1
Rahmen	12

3

Rand	8
Radio	18
Rang	23

4

Rasen	14
Rasse	9
Rakete	16

5

Rast	19
Ranzen	23
Rat	10

6

Rassel	14
Rate	21
Rätsel	2

7

Raub	5
Raum	11
Ratte	19

8

Rausch	1
Räuber	21
Rebe	12

9

Rechen	4
Rauch	5
Recht	10

10

Reck	8
Rede	3
Raupe	12

11

Regal	10
Regel	15
Reif	5

12

Reihe	13
Regen	8
Reim	6

13

Reis	21
Reh	15
Reise	17

14

Reisig	4
Reiz	14
Reifen	13

15

Reiter	17
Rente	7
Rest	20

16

Reue	6
Ring	4
Richter	16

17

Riegel	22
Rille	20
Ritter	7

18

Riese	9
Rock	6
Rinde	13

19

Rohr	20
Rippe	11
Riss	17

20

Ritt	2
Ritze	23
Roller	9

21

Roggen	24
Röhre	22
Rose	11

22

Roman	24
Ross	15
Rübe	2

23

Ruder	22
Rost	3
Ruck	18

24

Rudel	1
Ruhe	19
Rute	24

S

Bilder-Lotto

Wo ist das Wort zum Bild?

1

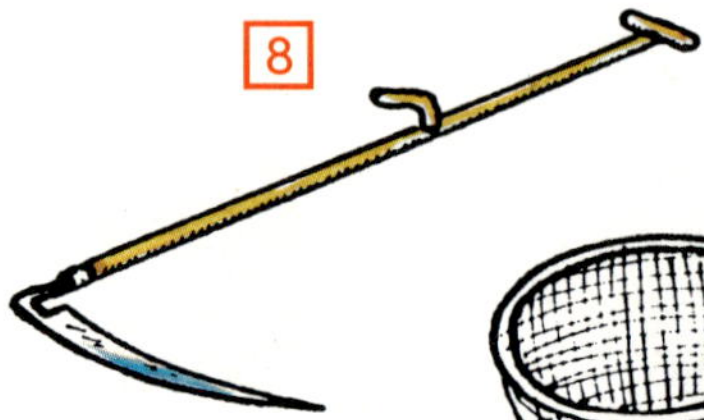

8

11

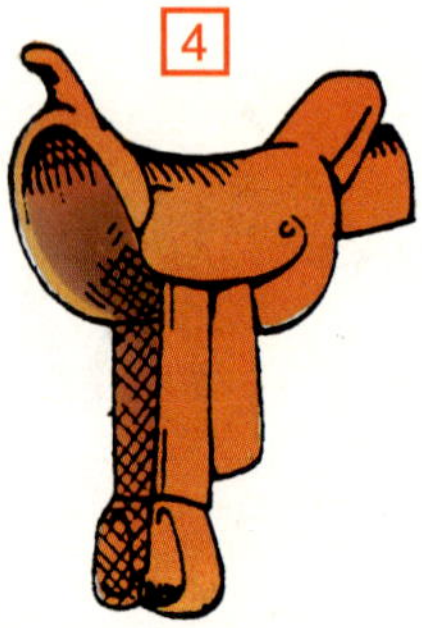

4

7

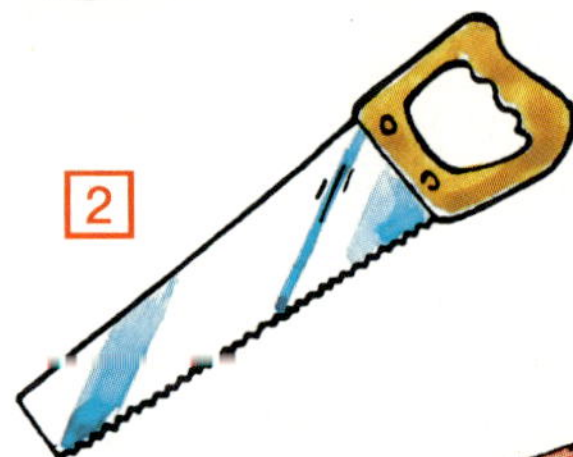

2

5

12

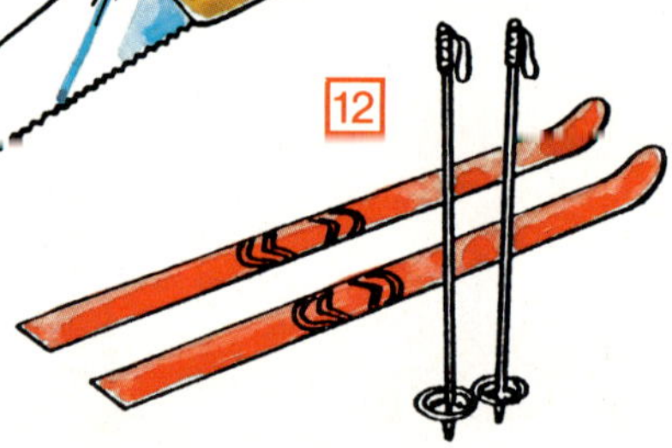

3

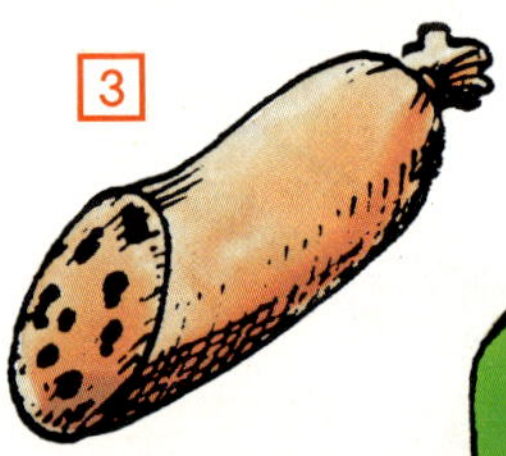

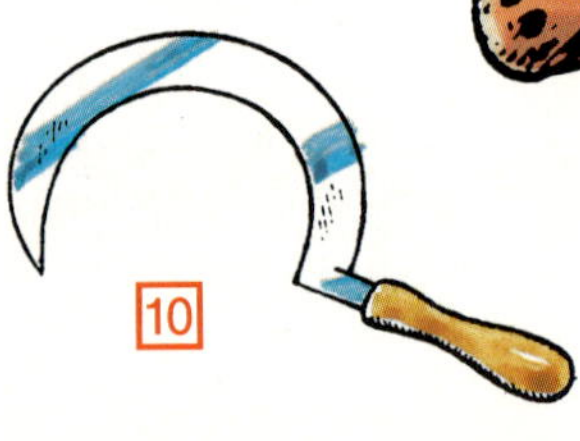

10

9

6

Säule	15	Sessel	21	Sattel	12
Sichel	16	Sack	11	Sense	5
Seil	1	Skier	2	Säge	7
Salami	22	Seife	8	Sieb	6

Spaten	9	Stempel	14	Spinne	13
Storch	20	Stuhl	4	Sonne	19
Sofa	23	Spiegel	24	Stiefel	3
Stern	17	Strumpf	18	Spritze	10

T

Finde das Wort, das zur Abbildung gehört !

1

?	Turm 10
Teller 6	Tafel 9

2

Tanne 7	Telefon 17
Tür 4	?

3

Teich 20	Tasche 12
?	Tube 11

4

?	Trommel 1
Tasse 10	Teddy 12

5

Taxi 5	Tatze 17
Treppe 3	?

6

Taube 20	?
Taucher 2	Torte 23

7

Topf 6	?
Taube 8	Taucher 1

8

?	Tatze 10
Taxi 3	Tonne 4

9

Tasse 14	Teddy 23
Tomate 1	?

10

Teich 6	Tasche 7
?	Tisch 21

11

?	Tanne 9
Tiger 19	Telefon 4

12

Tafel 3	Teufel 11
Teller 14	?

13

Turm 14	Taube 22
?	Teufel 21

14

Tür 17	Taxe 13
Tiger 19	?

15

?	Tisch 11
Tasse 24	Tube 23

16

Tomate 22	?
Trommel 24	Tasche 2

17

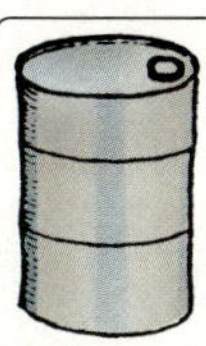

Treppe 18	Tanne 15
Tonne 13	?

18

Torte 5	?
Tafel 15	Topf 24

19

?	Topf 8
Torte 2	Teller 19

20

Tonne 16	?
Telefon 21	Treppe 15

21

Tomate 18	Teich 16
Trommel 5	?

22

Teddy 9	?
Tisch 20	Tube 8

23

Tür 16	Tiger 13
?	Taxi 7

24

Teufel 22	Turm 18
Taucher 12	?

U

Welches Wort steht nur einmal in der Zeile?

Vermeide Fehler durch zu schnelles Arbeiten!

1	Unkraut 4	Urteil 6	Ufer 9	Urteil 2	Unkraut 10
2	Urwald 24	Uhr 17	Uniform 21	Urwald 1	Uniform 15
3	Ursache 18	Unglück 20	Ursache 16	Unglück 5	Uhu 14
4	Urlaub 13	Ungeziefer 16	Urlaub 5	Umhang 10	Ungeziefer 15
5	Umschlag 1	Ungeheuer 3	Unrecht 16	Ungeheuer 12	Unrecht 11
6	Unfug 17	Urkunde 19	Unfug 11	Urkunde 13	Unfall 18
7	Unwetter 14	Unfall 18	Unwetter 2	Unfall 7	Unfug 5
8	Umschlag 4	Untier 10	Umschlag 17	Ungeheuer 3	Untier 22
9	Unterricht 20	Ungeziefer 13	Umhang 8	Unterricht 23	Umhang 6
10	Unglück 2	Uhu 3	Unsinn 18	Uhu 21	Unsinn 13
11	Uhr 9	Unschuld 23	Uniform 4	Unschuld 19	Uhr 22
12	Unruhe 23	Ufer 21	Unkraut 6	Ufer 1	Unruhe 19

13	Unkraut 10	Unrecht 21	Urwald 15	Unkraut 18	Urwald 22
14	Uniform 8	Urteil 12	Unruhe 23	Urteil 9	Uniform 11
15	Unglück 16	Ursache 20	Unglück 11	Ursache 23	Unschuld 19
16	Unsinn 22	Urlaub 11	Ungeziefer 7	Urlaub 12	Ungeziefer 13
17	Ungeheuer 14	Unterricht 11	Urkunde 15	Ungeheuer 23	Urkunde 19
18	Unfug 7	Unwetter 15	Unfug 8	Unwetter 1	Untier 20
19	Untier 22	Unfall 6	Untier 24	Unfall 16	Unwetter 12
20	Umschlag 17	Urkunde 15	Unterricht 21	Umschlag 5	Unterricht 16
21	Unsinn 20	Umhang 4	Unsinn 14	Urlaub 7	Umhang 8
22	Ursache 24	Unschuld 2	Uhu 19	Unschuld 13	Uhu 21
23	Uhr 17	Unruhe 22	Uhr 18	Urteil 16	Unruhe 20
24	Unrecht 24	Urwald 8	Ufer 3	Unrecht 14	Ufer 19

V

Wörtersuchsel

In jeder Zeile ist ein Wort versteckt. Welches?

1	V	N	E	V	A	T	E	R	V	Ö	R	P	L
2	Ü	V	E	R	L	O	S	U	N	G	V	E	M
3	*O*	*E*	*V*	*D*	*N*	*V*	*F*	*V*	*E*	*R*	*B*	*O*	*T*
4	V	E	R	K	Ä	U	F	E	R	V	Ü	Z	P
5	V	I	Z	R	Ö	V	A	S	E	V	Z	V	C
6	*C*	*V*	*E*	*R*	*L*	*E*	*T*	*Z*	*U*	*N*	*G*	*V*	*L*
7	V	A	B	T	V	E	R	K	E	H	R	V	Ü
8	E	V	T	K	L	V	E	R	S	T	E	C	K
9	*B*	*H*	*V*	*E*	*R*	*E*	*I*	*N*	*V*	*G*	*I*	*V*	*K*
10	V	A	P	M	V	E	R	B	A	N	D	V	N
11	O	V	E	R	L	U	S	T	V	Ä	M	K	P
12	*V*	*J*	*A*	*V*	*E*	*R*	*S*	*P*	*Ä*	*T*	*U*	*N*	*G*

Verbot 4
Vase 10
Vater 5

Verein 3
Verlosung 1
Verband 9

Verletzung 2
Verlust 11
Verkäufer 6

Verspätung 7
Versteck 12
Verkehr 8

13	**V**	**C**	**V**	**I**	**E**	**R**	**E**	**C**	**K**	**V**	**P**	**U**	**X**
14	V	P	I	Q	S	E	V	O	G	E	L	V	K
15	*R*	*E*	*L*	*V*	*I*	*E*	*H*	*V*	*D*	*G*	*V*	*M*	*F*
16	**E**	**D**	**V**	**Q**	**U**	**V**	**O**	**R**	**H**	**A**	**N**	**G**	**V**
17	V	T	Ö	V	O	R	M	I	T	T	A	G	V
18	*K*	*V*	*O*	*R*	*F*	*A*	*H*	*R*	*T*	*V*	*C*	*H*	*E*
19	**V**	**W**	**R**	**V**	**E**	**R**	**S**	**U**	**C**	**H**	**V**	**Y**	**B**
20	V	I	O	L	I	N	E	V	K	L	E	Ä	N
21	*Q*	*U*	*V*	*B*	*I*	*V*	*O*	*R*	*R*	*A*	*T*	*V*	*K*
22	**A**	**T**	**V**	**S**	**Z**	**V**	**O**	**R**	**S**	**I**	**C**	**H**	**T**
23	V	T	S	V	U	L	K	A	N	V	R	I	O
24	*N*	*V*	*A*	*J*	*V*	*P*	*H*	*V*	*O*	*L*	*K*	*V*	*O*

Vieh 16
Violine 23
Versuch 20

Volk 22
Vogel 14
Viereck 18

Vorfahrt 15
Vormittag 19
Vorhang 17

Vorrat 21
Vulkan 24
Vorsicht 13

W

Ein Wort — zwei Bilder!

Gesucht: die passende Abbildung!

1

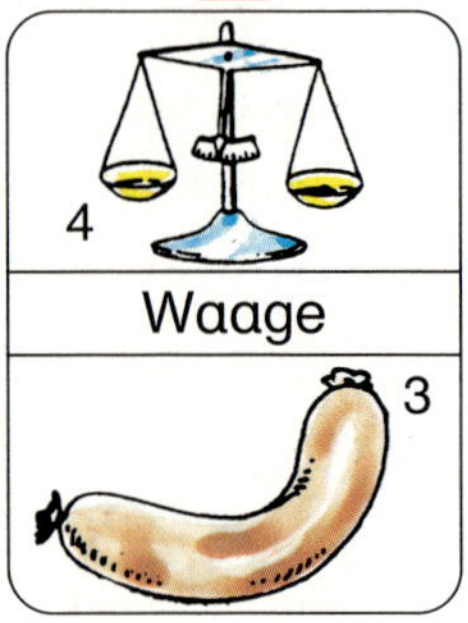

2

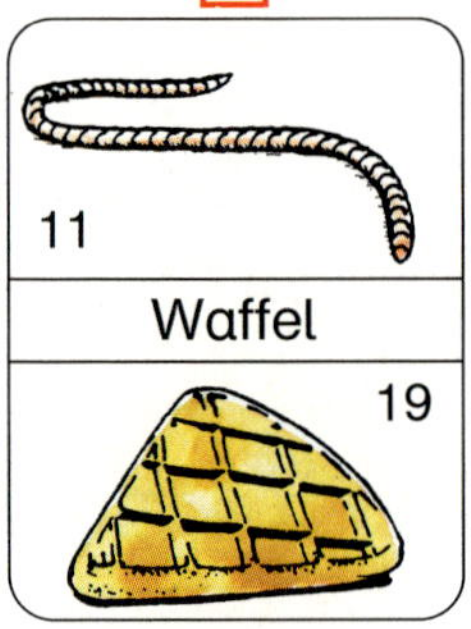

3

4

5

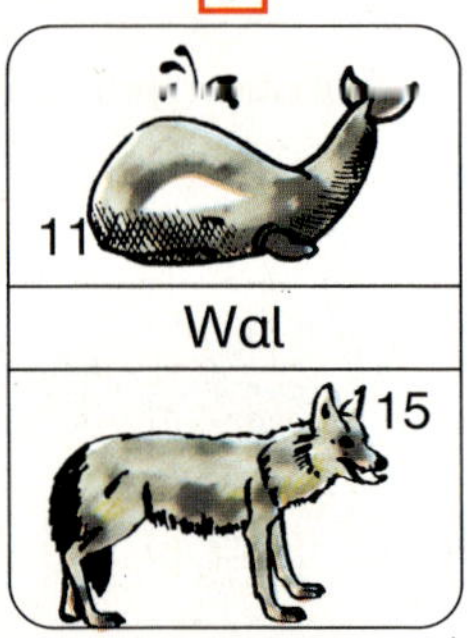

6

7

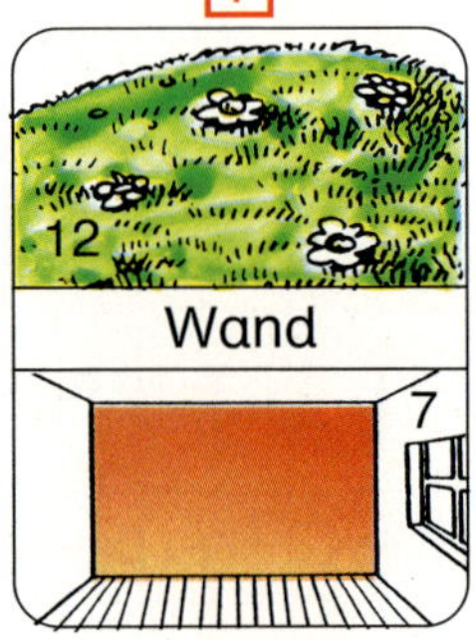

8

9

10

11

12

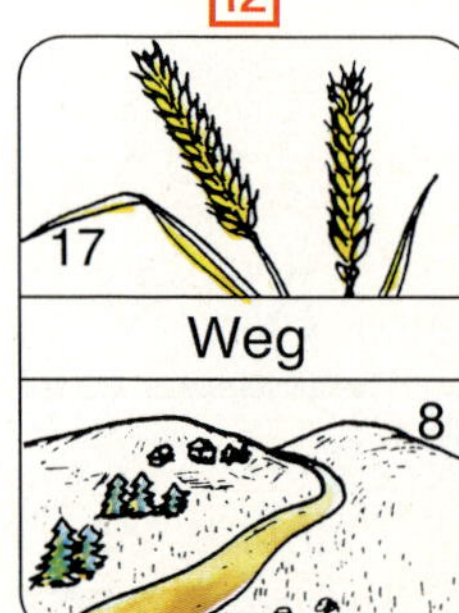

13

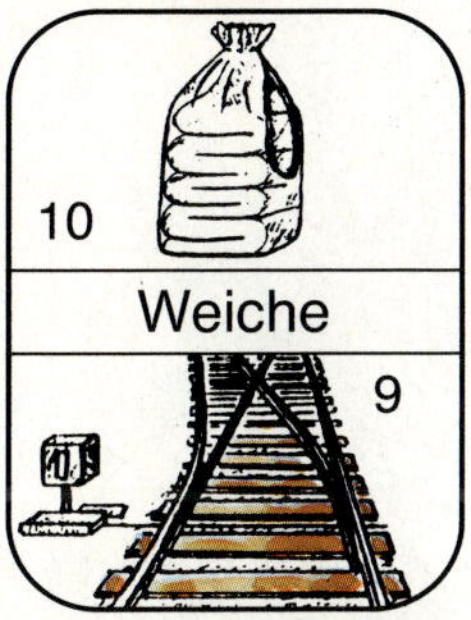

14

15

16

17

18

19

20

21

22

23

24

X

Xelofee — die fixe Hexenmeisterin!

Setze das Hexen-Puzzle richtig zusammen!

15
19
18
14
13
24
21
22
16
23
20
17
10
1
7
9
8
4
12
11
3
2
6
5

Y

Seltene Vornamen

Wo steht der gleiche Name von rechts nach links geschrieben?

1	Yasmine	ennovY	20
2	Yola	ybbA	17
3	Yvette	aloY	22
4	Yvonne	lyrreB	21
5	Abby	enimsaY	19
6	Berryl	ettevY	24
7	Carry	aihtnyC	13
8	Cynthia	ysiaD	18
9	Cyra	ylloD	15
10	Daisy	yrraC	16
11	Dany	ynaD	14
12	Dolly	aryC	23

13	Yago	ynneB	11
14	Yves	ogaY	7
15	Benny	ybboB	4
16	Billy	sevY	10
17	Bobby	yelrahC	12
18	Charley	ylliB	8
19	Conny	yddE	9
20	Cyrill	yrtimiD	5
21	Dimitry	ynnoC	3
22	Eddy	yraG	6
23	Freddy	lliryC	1
24	Gary	ydderF	2

Z

Wähle die passende Abbildung aus !

1	Zahl	24 	19 	4 
2	Zahn	21 	7 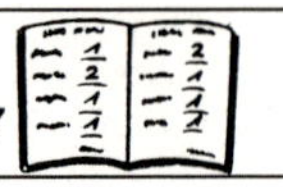	8 
3	Zange	9 	5 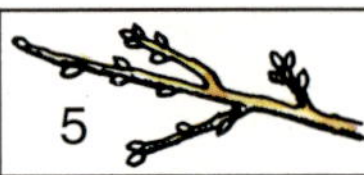	24 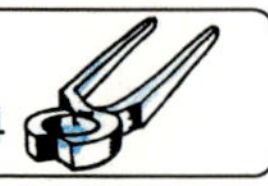
4	Zauberer	3 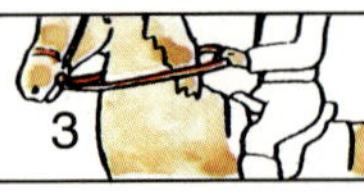	8 	22 
5	Zaun	15 	6 	5 
6	Zebra	22 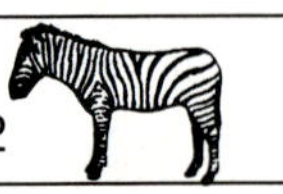	13 	11 
7	Zeiger	11 	15 	2 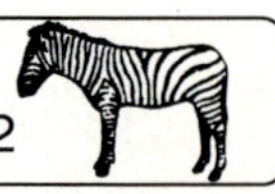
8	Zeitung	12 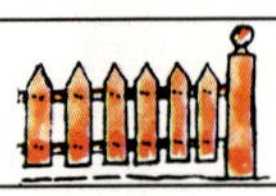	18 	13 
9	Zelt	2 	8 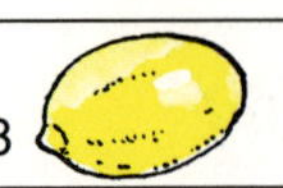	11 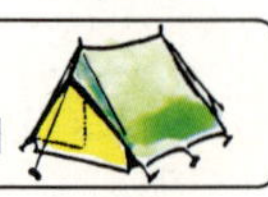
10	Zettel	18 	16 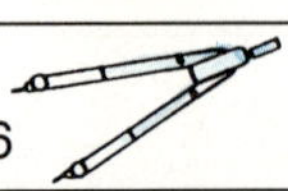	1 
11	Zeugnis	10 	2 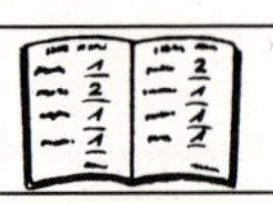	7 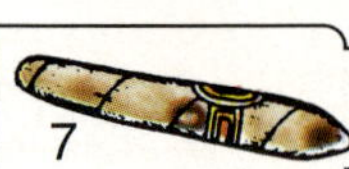
12	Ziege	9 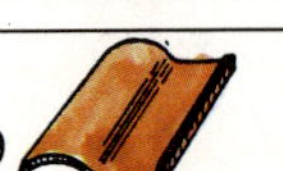	5 	16 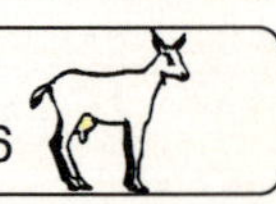

13	Ziegel	21	23	7
14	Zigarre	16	9	20
15	Zirkel	23	3	20
16	Zitrone	12	20	17
17	Zoo	4	13	3
18	Zopf	1	15	12
19	Zucker	17	4	22
20	Zug	24	1	10
21	Zügel	14	19	17
22	Zweig	6	10	14
23	Zwiebel	18	14	19
24	Zwirn	23	21	6

Von N bis W

Ordne richtig zu!

1

2

3

4

5

6

7

8

9

10

11

12

Nikolaus	9
Nilpferd	7
Papagei	24
Pullover	22
Pflaume	17
Peitsche	20
Ritter	6
Rakete	13
Ruder	4
Radio	15
Roller	2
Reifen	11

13

14

15
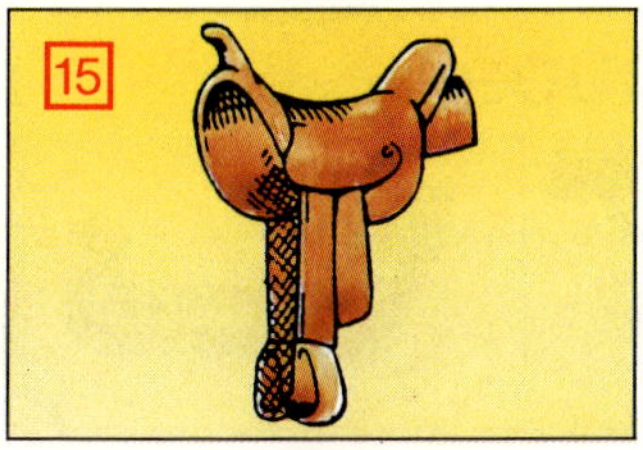

16

17

18
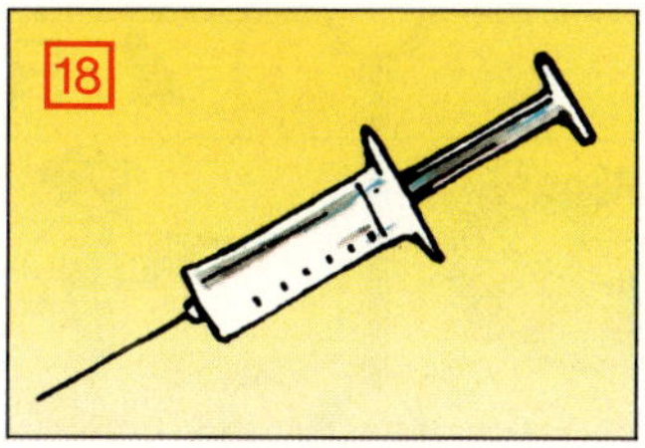

19

20

21

22

23

24
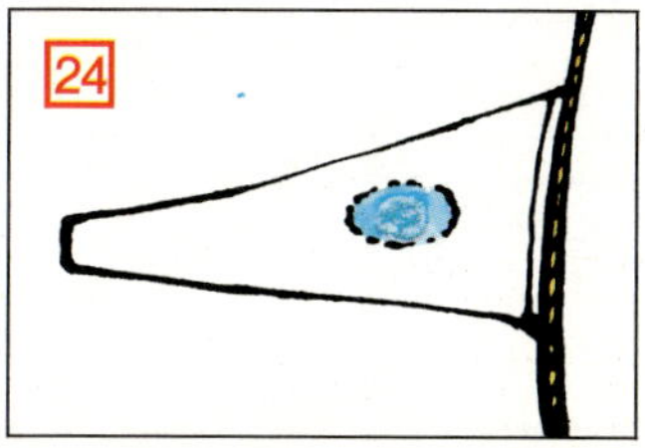

Spaten	8
Spritze	12
Sessel	21
Säule	19
Stempel	3
Sattel	23
Teufel	5
Tafel	16
Tomate	10
Taucher	1
Wimpel	18
Würfel	14

Endspurt

Finde die richtige Zuordnung!

1 Nonne

6

13

2 Pfanne

17

5

3 Pfau

1

4

4 Raupe

15

2

5 Nagel

3

16

6 Räuber

6

14

7 Ring

18

5

8 Pfeife

1

7

9 Rock

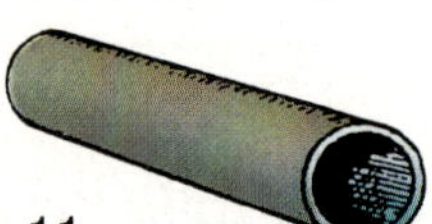
11

15

10 Netz

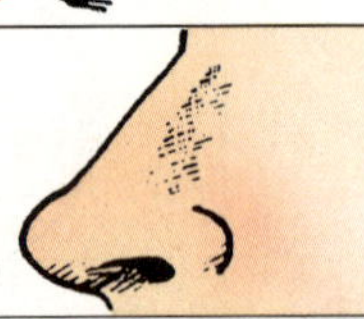
9

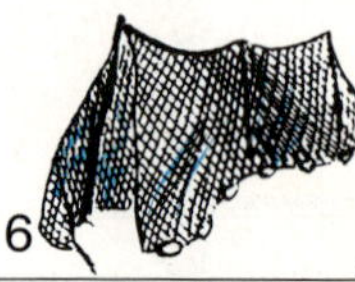
16

11 Nelke

14

20

12 Pauke

23

18

13 Sichel

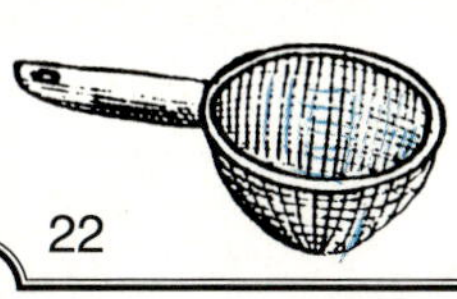
22

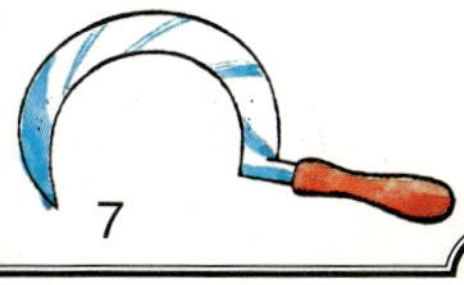
7

14 Tasse

11

12

15 Zahn

9

19

16 Zange

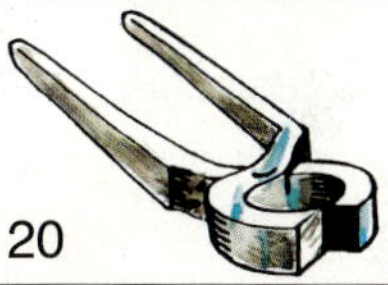
20

21

17 Sack

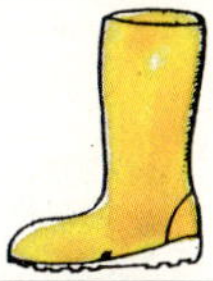
24

23

18 Taxi

8

22

19 Teller

12

10

20 Seil

19

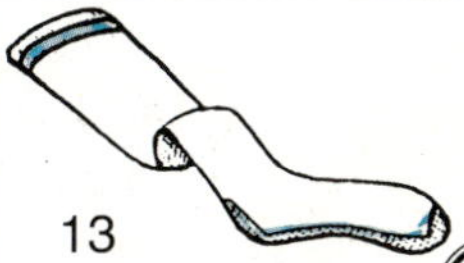
13

21 Zebra

17

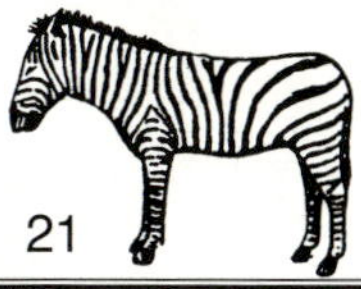
21

22 Telefon

4

24

23 Zwiebel

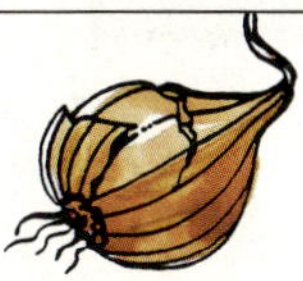
8

2

24 Säge

10

3

Zum guten Schluss ein Bilderrätsel!

Hier siehst du 60 Abbildungen. Vier dieser Abbildungen sind doppelt. Aus den Anfangsbuchstaben dieser Bilder kannst du ein Wort bilden. Kleiner Tipp: Es ist ein Vorname, den nur ein Junge haben kann!

LÜK®

Lese-ABC

2

Von N bis Z durchs Wörterland
ab Ende Klasse 1

westermann
lernspiel

Zu diesem Heft gehört das
LÜK®-Kontrollgerät, ISBN 3-89414-**500**-5

Inhalt

LÜK®—Begründet von Heinz Vogel
Autor dieses Heftes: Michael Junga
Layout, Satz, Illustrationen und Herstellung: ARTBOX Grafik & Satz GmbH, Bremen
Druck und Verarbeitung: westermann druck GmbH, Braunschweig

ISBN 3-89414-**826**-8